Aventuras
de verano

Julie Murray

Abdo Kids Junior es una
subdivisión de Abdo Kids
abdobooks.com

LAS ESTACIONES:
¡LLEGA EL VERANO!

abdobooks.com

Published by Abdo Kids, a division of ABDO, P.O. Box 398166, Minneapolis, Minnesota 55439. Copyright © 2025 by Abdo Consulting Group, Inc. International copyrights reserved in all countries. No part of this book may be reproduced in any form without written permission from the publisher. Abdo Kids Junior™ is a trademark and logo of Abdo Kids.

Printed in China

052024

092024

 THIS BOOK CONTAINS RECYCLED MATERIALS

Spanish Translator: Maria Puchol

Photo Credits: Getty Images, Shutterstock

Production Contributors: Teddy Borth, Jennie Forsberg, Grace Hansen

Design Contributors: Candice Keimig, Pakou Moua

Library of Congress Control Number: 2023950226

Publisher's Cataloging-in-Publication Data

Names: Murray, Julie, author.

Title: Aventuras de verano/ by Julie Murray

Other title: Summer adventures. Spanish

Description: Minneapolis, Minnesota: Abdo Kids, 2025. | Series: Las estaciones: ¡Llega el verano! | Includes online resources and index

Identifiers: ISBN 9798384901921 (lib.bdg.) | ISBN 9798384902485 (ebook)

Subjects: LCSH: Summer--Juvenile literature. | Summer festivals--Juvenile literature. | Camps--Juvenile literature. | Family vacations--Juvenile literature. | Seasons--Juvenile literature. | Spanish language materials--Juvenile literature.

Classification: DDC 525.5--dc23

Contenido

Aventuras de verano . .4

Más aventuras
de verano. 22

Glosario 23

Índice. 24

Código Abdo Kids . . .24

Aventuras de verano

¡El verano ya está aquí!

¡A divertirse al aire libre!

La familia de Dan va a la playa. Él hace un castillo de arena.

Lidia está en el parque acuático. Se tira por el tobogán.

Tomás está en una **barbacoa**.

Come con su familia.

A Kate y a Lee les encanta pescar. ¡Han pescado uno grande!

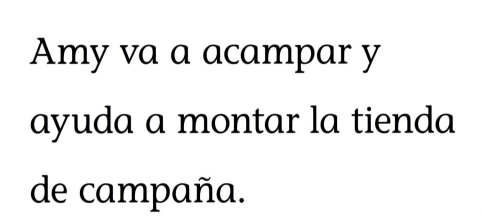

Amy va a acampar y ayuda a montar la tienda de campaña.

Ellen nada en la piscina con su amiga.

James **rema** en su canoa. A él le encanta estar en el lago.

¿Qué haces tú durante el verano?

Más aventuras de verano

ir de excursión

jugar a tenis

jugar en el parque

montar en bicicleta

Glosario

barbacoa
reunión al aire libre en la que se asan carne y otros alimentos sobre brasas o en una parrilla. En inglés se suele acortar por *BBQ*.

remar
moverse por el agua dentro de un bote utilizando uno o más remos.

Índice

acampada 14

barbacoa 10

canoa 18

castillo de arena 6

lago 18

nadar 16

parque acuático 8

pescar 12

piscina 16

playa 6

¡Visita nuestra página **abdokids.com** y usa este código para tener acceso a juegos, manualidades, videos y mucho más!

Los recursos de internet están en inglés.

Usa este código Abdo Kids

SSK9308

¡o escanea este código QR!